AF453758

25 centimes la livraison de **32 pages** in-8.

PRÉCIS CHRONOLOGIQUE

DES

RÉVOLUTIONS FRANÇAISES

DEPUIS 1789

JUSQU'A NOS JOURS,

PAR A.-L. BOURSELET.

OUVRAGE EN DEUX VOLUMES IN-8°.

Livraison.

A Paris,

CHEZ L'AUTEUR, RUE DU TEMPLE, 63.

1859

[A]DMINISTRATION

DE

[LI]BRAIRIE,

Rue du Temple,
63.

PRÉCIS CHRONOLOGIQUE

DES

RÉVOLUTIONS

FRANÇAISES.

———

Monsieur,

J'aurai l'honneur de vous faire présenter le
**PRÉCIS CHRONOLOGIQUE DES RÉVOLUTIONS FRAN-
ÇAISES**. Cet ouvrage, mis à la portée de tous par
une réduction de prix et d'étendue, est destiné à
populariser une histoire encore trop négligée par
notre génération.

Les publications volumineuses faites jusqu'à

ce jour sur ce sujet, non seulement ne pouvaient convenir aux personnes qui manquent de temps ou d'argent, mais encore ne pouvaient laisser dans la mémoire de quelques lecteurs privilégiés cette classification claire et précise des faits qui doit être le canevas de l'histoire.

Il fallait donc un livre portatif, un journal résumé en même temps que fidèle et complet, facile à consulter par sa disposition, et qui pût, sur un cadre resserré, soumettre aux yeux du simple ouvrier comme du riche financier ces époques mémorables qui font le sujet de nos plus fréquens entretiens.

C'est là ce que j'ai voulu offrir au public.

L'ouvrage se partage naturellement en dix grandes périodes : dans chacune de ces périodes j'ai pris les cinq époques principales pour autant de chapitres, et cette division tenant du système décimal, doit se familiariser avec la mémoire la moins exercée.

Je suis trop encouragé, monsieur, par le succès de mes premières livraisons pour douter de votre suffrage particulier.

Agréez,

Monsieur,

mes très humbles civilités.

A.-L. BOURSELET.

AVIS DE L'AUTEUR.

J'ai entrepris de renfermer, dans un espace circonscrit, l'histoire de nos révolutions pour la mettre à la portée de tous, non en la mutilant par des retranchemens de faits, mais en la dépouillant de ces longues dissertations politiques qui la défigurent et la masquent toujours sous autant de systèmes différens qu'il existe d'historiens.

J'ai voulu la réduire à une simple nomenclature des événemens, afin que le lecteur y trouvât le vrai, mais le vrai dans toute sa pureté. Il existe déjà trop d'ouvrages sur cette matière, chargés des ornemens du beau style, ou des placards de l'opinion, pour que je veuille en augmenter le nombre. Ces sortes d'ouvrages sont comme les romans : on les prend pour le charme de la lecture, on y trouve des impressions agréables; mais, pour l'étude, pour celui qui veut savoir, il faut du positif et rien de plus.

C'est donc par un modeste récit que je viens dérouler ce drame sanglant de quarante années, qui a eu nos pères pour acteurs, le monde entier pour théâtre, et qui aura pour spectateurs tout ce qui passera d'hommes sur la terre.

Si, malgré ma faiblesse, j'ai approché de mon but; si j'ai pu me rendre utile à quelques concitoyens par ce pénible travail, je serai trop heureux de l'avoir entrepris.

INTRODUCTION.

Le gouvernement de la France, sous Louis XIII, était encore tenu par le pouvoir collectif du roi, des suzerains et des grands ; mais le système, se modifiant chaque jour, marchait à une monarchie absolue qui s'établit définitivement avec Louis XIV. Alors la couronne seule disposa des personnes et des propriétés ; les parlemens se levèrent contre ce despotisme, et le roi, irrité de rencontrer des obstacles, eut recours aux confiscations, aux lettres de cachet et aux lits de justice : avec ces armes puissantes, il brisa une à une toutes les résistances. Il étouffa les révoltes de l'aristocratie comme l'opposition des parlemens. Cependant, loin de se faire des ennemis dans les partis qu'il renversait, il sut les disposer en sa faveur. S'il ne gagna point les cœurs, il gagna du moins les esprits : il eut l'art de séduire les grands par les faveurs, le luxe et la dissolution, et d'assujétir le peuple par le seul éclat de sa puissance. Cette oppression fit naître quelques murmures ; mais ces murmures furent comprimés au dedans par le bruit des victoires du dehors : la douleur publique resta muette devant la gloire de Louis XIV, et elle n'osa éclater que sous le règne de son successeur, car celui-ci ne sut pas cueillir assez de lauriers pour couvrir ses faiblesses du prestige qui en impose aux factions.

Louis XV voulut continuer un système tyrannique, mais il n'en eut pas la force ; sa cour tomba dans la mollesse et la corruption ; un levain révolutionnaire fermentait dans les idées, et l'opinion publique posait partout les bases de sa souveraineté future. L'instinct des libertés ne devait se réveiller qu'au dernier degré des humiliations et de la servitude. Quand la nation y fut réduite, elle frémit sous le joug, elle ouvrit les yeux sur l'abîme où elle venait d'être plongée, et alors commença ce travail de réforme qui ne devait plus s'arrêter ; alors surgit cette philosophie du dix-huitième siècle, qui, semblable à une lave échappée de son volcan, allait déborder sur l'Europe entière.

La religion, le gouvernement, les coutumes, saisis par le rationalisme, après avoir été pour le peuple des idoles inviolables, ne furent plus que de simples sujets d'analyse, de recherches, de doutes, qui mirent toutes les masses en mouvement.

La déconsidération jetée sur le pouvoir, les atteintes mortelles portées aux vieilles croyances, l'empire naissant de l'opinion, telles furent les sources d'anarchie au milieu desquelles Louis XV laissa son royaume.

Louis XVI se présenta juste, vertueux, en -

nemi même de l'arbitraire, certainement capable de faire le bonheur de ses sujets; mais l'élan était donné à la France : cet élan partait d'un principe, et devant un principe les hommes ne sont plus rien. Louis XVI, si bon qu'il se montrât, était encore la représentation d'un vieux système dont la France était fatiguée. Il parut comme un beau masque jeté en passant sur le cadavre de la monarchie.

Trois génies puissans avaient éclairé l'horizon comme trois éclairs précurseurs de la tempête révolutionnaire : c'étaient la raison de Rousseau, l'esprit de Voltaire et l'ame de Raynal. Les pensées d'égalité, d'indépendance avaient gagné les masses, et la révolution était devenue inévitable. Or, Louis XVI, arrivant sur ce terrain brûlant, ne pouvait en sortir que comme une illustre victime. Ce n'est pas à un homme qu'il était donné d'arrêter ce torrent de réforme dont la source était amenée par un travail de plusieurs siècles.

Nous allons passer rapidement en revue les principaux ministères dont la marche a retardé ou provoqué le soulèvement des populations.

Maurepas, le perfide vieillard, exploita, au profit de son égoïsme, l'inexpérience du jeune roi. Le sage M. de Vergennes, chargé des affaires étrangères, passa comme une médiocrité; le comte de Muy traita la guerre en capucin. M. de Sartine administra la marine comme on pouvait l'attendre d'un petit lieutenant de police. La probité de M. de Malesherbes ne put s'accommoder long-temps de l'administration de la maison du roi et du département de Paris qui lui étaient confiés; il s'en démit en faveur de M. Amelot, nullité propre à cet emploi. Le baron de Breteuil succéda à ce dernier pour s'enrichir au prix de son déshonneur. M. de Turgot, intendant du Limousin, remplaça, dans les finances, l'avare M. de Clugny : il déploya trop de talens, trop de sagesse et surtout trop d'économie pour plaire long-temps au système. M. Necker, le fameux banquier, eut plus de succès avec ses nouvelles théories sur les emprunts; mais, après avoir débrouillé le cahos du trésor, il se retira victime de l'intrigue et de la jalousie.

M. Joly de Fleury remplaça le système des emprunts par une augmentation d'impôts : il y gagna de l'or et du mépris. Le jeune d'Ormesson prit un instant le ministère pour s'en décharger en faveur de M. de Calonne ; celui-ci n'eut d'autre système, pour se maintenir, que de plaire aux puissans par ses largesses ; il creusa par ce moyen un déficit de cent quarante millions. La cour et ses amis avaient profité de sa prodigalité jusqu'à ses dernières ressources. Arrivé à cette extrémité, il convoqua les notables en assemblée extraordinaire, espérant leur en imposer par de l'audace et de l'esprit ; mais, au milieu des honneurs, il avait perdu de vue les progrès de la civilisation ; la nation s'éclairait de plus en plus chaque jour ; on voulut des chiffres et point de beaux discours. Cette exigence inattendue l'irrita ; il crut en triompher facilement par quelques lettres de cachet ; mais cette mesure ne fit que lui attirer une opposition plus énergique, et il succomba sous les attaques de l'opinion.

Brienne, archevêque de Toulouse, qui avait été son antagoniste le plus ardent, crut, par cette seule raison, réussir et plaire. Mais, à peine entré en charge, il sentit la difficulté de sa position et sa faiblesse pour la surmonter; génie étroit, incapable d'organiser un système d'opérations, il n'employa que les moyens usés par ses prédécesseurs pour remédier au délabrement des finances; il en revint même aux projets de Calonne et se perdit ainsi dans un dédale où il avait entrepris de ramener le jour, sans faire preuve des grands talens qu'on lui avait supposés.

Cependant, le parlement de Paris, sur son refus d'enregistrer l'impôt territorial et celui du timbre, avait été exilé à Troyes. Il acheta son rappel par une prorogation de vingtièmes. Cette faiblesse, pour ne pas dire cette lâcheté, enhardit le ministère, qui jugea le moment favorable pour la création d'une cour plénière. D'un autre côté, M. de Lamoignon, le garde des sceaux, s'empressa d'établir dans chaque généralité des bailliages puissans pour contrebalancer le pouvoir des parlemens : ces deux innovations, qui ne tendaient qu'à maintenir le règne du despotisme, provoquèrent une réaction écrasante : le Châtelet protesta, les parlemens se coalisèrent ; la Flandre, la Bretagne, le Dauphiné, le Languedoc, la Provence et le Béarn offrirent un vaste théâtre de soulèvemens populaires et de scènes sanglantes. Le clergé fit une adresse au roi pour obtenir l'abolition de cette cour plénière et le retour des états généraux. Louis XVI se rendit au parlement ; il annonça une convocation régulière des états généraux tous les cinq ans, et força l'enregistrement d'un crédit sur l'emprunt successif. Le duc d'Orléans demanda, avec une colère impatiente, si c'était un lit de justice ou séance libre que sa majesté prétendait tenir : elle répondit que c'était une séance royale. Freteau et Sabatier soutinrent le duc d'Orléans par de vigoureuses représentations, et tous trois furent exilés.

Brienne ayant laissé le ministère dans le plus grand embarras, on sentit le besoin de retrouver un homme de génie, puissant et populaire ; Necker, avec la confiance qu'il inspirait au dedans et l'influence qu'il avait au dehors, était le seul qui pût sauver l'état dans une pareille crise : il fut rappelé. Son grand cœur ne s'était point laissé corrompre par l'amertume de ses disgraces; il revint aussi dévoué, aussi généreux qu'il s'était toujours montré. Il commença par obtenir la grace des exilés; il fit admettre les curés dans l'ordre du clergé et les protestans dans celui du tiers état, pour les élections qui se préparaient; il ramena l'ordre dans les finances et regagna le crédit perdu; enfin, il fit hâter la convocation des états généraux qui était demandée à grands cris par toute la France, et le roi en fixa l'ouverture qui fut ajournée au 5 mai 1789.

C'est à partir de ce jour mémorable que nous pouvons compter l'ère des révolutions françaises; car c'est là que fut marqué le premier triomphe de l'opinion : le peuple avait voulu des représentans au pouvoir, et il en compta jusqu'au nombre de six cent vingt, tandis que le clergé était réduit à trois cent huit et la noblesse à deux cent quatre-vingt-cinq.

Alors s'engagea une lutte entre la nation régénérée et le vieux colosse du despotisme. Cette lutte devait être lente et terrible, car un corps de tant de siècles d'existence ne pouvait mourir sur son trône sans une agonie longue et sanglante. A mesure que l'arène se jonchait de victimes, la France se relevait majestueuse, avide de force et de liberté, sur son grabat de servitude. Elle déploya peu à peu sa puissance populaire, si long-temps bâillonnée ; des soulèvemens, dans toutes les provinces, répondirent aux dernières convulsions de la monarchie absolue. Les journées des 12, 13 et 14 juillet 1789 portèrent le coup mortel. Paris ne fut qu'un champ de bataille, et la population une armée, qui bientôt fit entendre son premier cri de victoire sur les murs de la Bastille.

Ainsi fut amenée cette révolution qui devait ébranler le monde. Soit qu'on la considère comme une suite naturelle des événemens qui l'ont précédée, soit qu'on veuille l'imputer aux vues secrètes d'une providence, l'humanité doit y puiser ses plus beaux enseignemens : le mal qu'elle a pu faire aux hommes de son époque n'est pour nous qu'une leçon salutaire, et le bien qu'elle a produit, en donnant une impulsion si rapide à notre civilisation, nous rend aujourd'hui la première nation du globe.

RÉSUMÉ CHRONOLOGIQUE

DES

RÉVOLUTIONS FRANÇAISES

DE 1789 A 1838.

I^{RE} PÉRIODE.

LA CONSTITUANTE.

CHAPITRE 1er.

ASSEMBLÉE DES ÉTATS GÉNÉRAUX.

1789
5 Mai.

L'événement qui caractérise le mieux la naissance de la révolution, c'est le vœu général qui se prononça spontanément, par toute la France, pour obtenir l'assemblée des états généraux ; les élections se firent rapidement, mais non sans difficultés ; des troubles éclatèrent dans plusieurs provinces. Le duc d'Orléans, mal vu par la cour, à cause de son alliance avec les parlemens, fut

1789
5 Mai.

accusé de travailler sourdement à se faire élire par le peuple ; on lui imputa même le pillage de la maison Réveillon, en supposant qu'il avait voulu éprouver la valeur des hommes de son parti en excitant quelques bandes de brigands. Cependant, le jour fixé par le roi pour l'ouverture des États généraux arriva (1) : ce fut une solemnité jusqu'alors sans exemple ; le roi et la reine parurent entourés d'une pompe majestueuse et imposante. Néanmoins, le peuple ne se laissa pas séduire par l'éclat des décorations, et il sut remarquer les distinctions qu'on observait encore parmi les ordres. Le clergé écrasé sous ses riches costumes, la noblesse toute chamarrée d'or et de plumes, paraissaient en première ligne, et le modeste tiers état, les véritables représentans de la nation, occupait le dernier rang. Cette circonstance était peu propre à calmer l'irritation qui régnait déjà dans les esprits ; car, depuis les événemens d'Amérique, la nation française sentait de plus en plus s'échauffer dans son sein le sentiment de sa force et de sa dignité.

Le tiers, sans manquer de respect au roi, n'observa point les honteux usages auxquels il se soumettait jadis dans ces sortes d'assemblées ; fort de son nombre, et surtout de l'appui du peuple, il sentit toute l'importance de sa nouvelle mission et prit l'attitude noble et grave d'un corps législatif.

(1) Elle eut lieu à Versailles, séjour habituel du roi.

1789   Le roi prononça un discours prudent et affec-
tueux qui fut couvert d'applaudissemens. Necker
prit la parole pour exposer la marche de son ministère et l'état des finances : il déclara un déficit de cinquante-six millions cent cinquante mille
francs.

6 Mai.   Le lendemain une convocation générale appe-
lait les députés à la vérification des pouvoirs ; le
tiers état se rendit dans la salle commune, où il
attendit en vain le concours de la noblesse et du
clergé : ces deux ordres, ayant à leur disposition
des salles particulières, s'y renfermèrent séparé-
ment pour maintenir entre eux une division favorable à leurs vues. Mais le tiers état s'indigna de
cette guerre de ruse ; il y répondit d'abord par
une prudente immobilité, paraissant disposé à
attendre la réunion des trois ordres, avant de
prendre aucune mesure ; cette résolution n'ame-
nant aucun résultat, il entra en pourparlers tendant à une médiation : ce moyen n'eut pas plus
de succès que le premier, et la cour se trouvant
déjà trop faible pour trancher la question, une
lutte s'engagea entre les trois assemblées.

13 Juin.   Durant cette lutte, trois curés se rendirent au
tiers ; ils furent bientôt suivis de six autres, puis de
dix, parmi lesquels on comptait l'abbé Grégoire.

17 Juin.   Quarante jours depuis l'ouverture s'étaient
passés en débats inutiles ; la réunion des communes, fatiguée de cet état de choses, prit le
parti de se constituer seule et à part : Siéyes, in-
troduit par Mirabeau, en exposa la nécessité avec

1789
17 Juin.

une logique pressante; il démontra que cette assemblée, produite par les quatre-vingts centièmes de la nation, se trouvait naturellement investie de tous ses droits; que l'absence de quelques députés ne devait nullement entraver ses opérations, puisqu'elle se trouvait en majorité suffisante pour commencer l'œuvre de la restauration nationale. Après ce discours, unanimement applaudi, les communes prirent le titre d'Assemblée nationale et commencèrent immédiatement les travaux de leur mission. Le premier acte émané de cette assemblée, dans le pouvoir qu'elle venait de se conférer, fut la légalisation de la perception des impôts. Après quelques autres mesures aussi prudentes qu'énergiques, elle s'occupa de projets d'amélioration pour la disette et la misère publique.

Le roi, épouvanté de l'audace du tiers état, ne sait quelle détermination prendre. Il balance entre les représentations de Necker et les sollicitations de ses courtisans; enfin, il annonce une séance royale pour le 22. Pendant ce temps, le clergé délibérait sur sa réunion aux communes; elle fut décidée à la majorité de cent quarante-neuf voix sur cent quinze.

20 Juin.

A l'heure accoutumée pour la séance, la salle était envahie par des troupes et fermée sous prétexte d'y préparer les décorations nécessaires à la séance royale. Bailly le président se présente à la tête des députés; il proteste contre cet acte de rigueur. Au milieu du tumulte formé soudain

1789
20 Juin. par des rassemblemens, une voix propose de se rendre au jeu de Paume : cette pensée est accueillie avec enthousiasme et aussitôt exécutée; arrivés dans cette enceinte, où un simple fauteuil fut le siége du président, après une séance orageuse où plusieurs projets formés dans l'exaspération furent proposés et rejetés, ils jurèrent tous de ne plus se séparer sans avoir donné une constitution au royaume. Un seul se qualifia d'*opposant* en signant la formule de ce serment solennel.

22 Juin. La noblesse, effrayée d'une manifestation aussi courageuse, vint implorer le secours du roi. L'agitation, l'incertitude qui régnait à la cour fit remettre la séance royale au 23.

Le surlendemain de la réunion au jeu de Paume, afin de déjouer les projets de l'assemblée, on fit retenir la salle pour les jeux des princes ; mais rien n'était mieux fait pour redoubler l'ardeur des députés que de pareilles vexations : ils se rendirent à l'église Saint-Louis ; c'est là que la majorité du clergé vint fraterniser avec eux, au milieu des acclamations les plus patriotiques.

23 Juin. Le jour de la séance royale étant venu, une dernière humiliation fut jetée au front du tiers état : la noblesse et le clergé furent introduits les premiers et placés en tout honneur, tandis que les députés populaires étaient arrêtés à la porte pendant une pluie abondante. On leur ouvrit enfin; ils se présentèrent dans un morne silence et prirent leurs siéges avec la fierté d'une colère juste et concentrée.

1789
23 Juin.

L'arrivée du roi n'imprima aucune agitation dans les rangs : ni joie ni contrainte ne se peignirent sur les visages. Le discours qu'il prononça fut bien étranger à sa bonté naturelle ; il condamna la conduite des députés avec hauteur ; il leur imposa ses volontés, pour la marche qu'ils devaient suivre, et les menaça d'une dissolution prochaine, s'il rencontrait en eux la moindre opposition ; enfin, après avoir tenu longuement le langage d'une autorité entièrement absolue, il se retira en intimant l'ordre de se séparer. La noblesse et le clergé obéirent, mais les communes restèrent dans l'immobilité de l'indignation. Mirabeau prit la parole ; il jeta dans les esprits, déjà bouillans d'impatience, le vœu décisif des libertés publiques ; et lorsque le maître des cérémonies vint réitérer l'ordre du roi, il répondit au nom de tous : « Allez dire à votre maître que nous sommes ici par la volonté du peuple et que nous n'en sortirons que par la force des baïonnettes. » M. de Brézé s'étant retiré, Siéyes s'écria : « Messieurs, nous sommes aujourd'hui ce que nous étions hier ; délibérons. » Et l'assemblée reprit le cours de ses délibérations sur plusieurs arrêtés concernant leur constitution particulière, leurs droits de consentement sur les impôts et le serment de leur devoir. Après avoir statué sur ces différens points, l'inviolabilité de chacun des membres fut décrétée d'une commune voix.

La famille royale, qui recevait déjà les félicitations de la noblesse sur le succès présumé de ce

1789
23 Juin.

lit de justice, fut surprise bien douloureusement en apprenant la résolution violente manifestée par les communes. La consternation de la cour passa bientôt dans les rangs de la noblesse : quarante-sept membres de cet ordre se joignirent à l'Assemblée nationale, en exprimant le regret d'arriver en si petit nombre.

27 Juin.

Cette soumission partielle souleva quelques débats ; mais la réunion ne tarda pas à être complète , et les derniers réfractaires du clergé comme de la noblesse se rendirent enfin, partie par conviction, partie par entraînement.

Necker , qui s'était abstenu d'assister à la séance royale pour épargner à la cour l'éclat de son improbation, fut supplié par le roi de conserver son portefeuille : il y consentit et sauva le trône comme il avait sauvé l'État.

CHAPITRE II

———

1789
30 Juin.

Après le pillage de la maison de Réveillon, les gardes françaises avaient fraternisé avec le peuple; cette troupe, choisie pour la garde du roi, était commandée par de jeunes favoris qui s'occupaient fort peu de leur service; quelques soldats ayant murmuré sur l'irrégularité de leur conduite furent emprisonnés à l'Abbaye. La sévérité de cette punition leur attira de nombreux défenseurs; une foule immense se montra pour les délivrer; ils furent arrachés de leur prison, portés en triomphe, puis renfermés et gardés au Palais-Royal, en attendant que l'assemblée donnât l'ordre de leur liberté. L'assemblée, par esprit de modération, ne crut pas devoir prononcer cette grace de sa seule autorité;

1789 elle en fit la demande au roi qui l'accorda aussitôt.

9 Juillet. Cependant, des troupes arrivaient de toutes parts et entouraient déjà Versailles et Paris; un train d'artillerie, venu des frontières, était disposé sur le pied de guerre. La crainte et l'agitation se répandaient partout : la contrainte, le silence observés depuis quelque temps par l'aristocratie faisaient soupçonner de sa part quelques projets de vengeance; plusieurs courtisans, entraînés par leur impatience, trahirent leur cause et firent connaître par leurs menaces les manœuvres hostiles dont le plan avait été adopté.

11 Juillet. Les députés populaires s'attendaient à un coup d'état. Mirabeau fit suspendre les travaux de la convention pour demander au roi le renvoi des troupes : vingt-quatre membres présentèrent une adresse à cet effet; la réponse fut que les troupes n'étaient rassemblées sur ce point que par prévoyance pour la sûreté publique et pour le maintien de l'ordre; que, si l'assemblée en était inquiète, elle pouvait se retirer à Soissons ou à Noyon. Loin de calmer l'irritation des esprits, cette réponse ne fit que l'accroître. « Nous avons demandé le renvoi des troupes, s'écria Mirabeau, et non à fuir devant elles. »

De son côté, le roi paraissait décidé à tenir tête; il renvoya Necker, en le conjurant toutefois de tenir sa fuite secrète. Malgré les précautions prises par le ministre lui-même pour laisser ignorer sa disparition, on le sut, on le répéta, et le

1789 bruit transpira en même temps que le duc d'Orléans venait d'être exilé.

12 Juillet. Ces deux nouvelles servent de tocsin à la révolte : de nouveaux rassemblemens se forment au Palais-Royal ; un jeune homme, Camille Desmoulins, se montre armé, criant aux armes ; on l'entoure, on le suit, on porte les bustes de Necker et du duc d'Orléans en tête de la colonne ; on parcourt ainsi les principales rues de Paris ; un détachement de Royal-Allemand se présente vers la place Vendôme : quelques coups de feu sont échangés, plusieurs personnes sont blessées et un garde française tué. Le prince de Lambesc, qui commandait ce régiment de Royal-Allemand, se dirige sur les Tuileries ; il charge et renverse un vieillard sous les pieds de son cheval. Cette violence porte l'indignation à son comble ; le peuple redouble de fureur, et le cri aux armes retentit bientôt dans tous les quartiers de la capitale. Les troupes qui environnaient Paris se portent sur le Champ-de-Mars et sur la place Louis XV ; on entend un coup de canon, et une multitude immense va demander des armes à l'Hôtel-de-Ville.

Les électeurs qui s'y étaient réunis en assemblée générale en accordent ; les armuriers sont pillés : en un instant, une armée de volontaires est organisée ; les quais sont garnis de canons et tout se dispose à la guerre civile.

13 Juillet. Les districts convoqués par l'assemblée des électeurs décident l'organisation d'une milice bourbeoise composée de quarante-huit mille hommes.

La populace, armée de bâtons, de lances et de piques, continuait à parcourir les rues en cherchant
des fusils. Elle met au pillage les grains renfermés
dans la maison de Saint-Lazare et les armes anti-
ques du garde-meuble. Un bateau, chargé de
poudre, est surpris au port de Saint-Nicolas et
aussitôt partagé entre les citoyens.

Un convoi de blé, destiné aux approvisionnemens des troupes du Champ-de-Mars, est saisi
au passage et conduit à la Halle pour être vendu
aux boulangers.

Le prévôt des marchands, Flesselle, adminis-
trateur de la Cité, pour calmer l'impatience du
peuple, promet une distribution prochaine de
douze mille fusils.

Déjà les barrières des faubourgs Saint-Honoré,
Saint-Antoine, Saint-Jacques et Saint-Marceau
ont été pillées, incendiées, et le passage des mar-
chandises rendu libre.

Vers le soir, les caisses d'artillerie qui avaient
été promises arrivent à l'Hôtel-de-Ville; on les
ouvre aussitôt, mais elles n'étaient remplies que
de vieux linges. Cette mystification exaspère la
populace; on en demande justice : le prévôt se
présente, proteste de son innocence et déclare
avoir été trompé le premier; il achève de rétablir
le calme en indiquant la maison des Chartreux
comme devant renfermer des armes. La foule s'y
transporte aussitôt; mais une perquisition minu-
tieuse prouve que le prévôt a voulu gagner du
temps par une seconde imposture. Alors les ras-

 semblemens ne connaissent plus de frein; ils font entendre les menaces les plus effrayantes, et on ne peut les arrêter qu'en ordonnant sur-le-champ la fabrication de cinquante mille piques.

L'Hôtel-de-Ville, où se réunissaient toutes les autorités, était continuellement assiégé : c'est là que se centralisaient naturellement toutes les plaintes, toutes les réclamations et par conséquent le tumulte révolutionnaire. Quelques brigands, pendant la nuit, étant parvenus à pénétrer dans l'intérieur, un électeur, M. Moreau de Saint-Méry, parut un pistolet à la main et menaça de faire sauter les poudres si cet asile n'était pas respecté; ce trait de courage fit fuir les perturbateurs qui l'applaudirent eux-mêmes.

La nouvelle des troubles qui éclataient à Paris avait répandu la terreur dans Versailles. L'assemblée tenait séance au milieu des plus vives alarmes. Après une protestation de Mounier contre le renvoi des ministres, une adresse fut votée pour demander au roi leur rappel. M. de Virieu proposa un serment pour confirmer les arrêtés du 17 juin, et M. de Clermont-Tonnerre, trouvant la proposition inutile, s'écria : « La constitution sera ou nous ne serons plus. »

Les nouvelles de Paris devenant de plus en plus inquiétantes, la députation envoyée vers le roi fut chargée de lui exposer l'état de la capitale. La réponse de sa majesté, froide et persévérante, invita l'assemblée à rendre un arrêté sur le renvoi des troupes et l'institution de la garde bourgeoise.

1789
13 Juillet.   Les ministres et tous les agens du pouvoir furent déclarés responsables des actes publics, l'Assemblée en permanence, et M. de Lafayette nommé vice-président pour venir en aide au noble vieillard, l'archevêque de Vienne.

14 Juillet.   La nuit avait été assez calme. Le matin, la cocarde blanche et verte fut changée pour une bleue et rose, couleurs du blason de la ville de Paris.

Le peuple, ne pouvant obtenir assez d'armes, se dirigea vers l'hôtel des Invalides : les murs, les fossés furens escaladés en même temps que les portes ouvertes. On enleva jusqu'aux canons. Le curé de Saint-Étienne-du-Mont parut dans cette expédition à la tête de ses paroissiens.

Le prévôt des marchands facilitait aux aristocrates fuyant des convois d'armes et de travestissemens : on en surprit plusieurs; on saisit aussi sa correspondance, et il ne lui fut plus possible d'échapper à la vengeance publique : il fut traîné sur la place de Grève, écharpé par les mains d'une troupe forcenée, et sa tête roula dans la boue.

Le bruit du canon s'étant fait entendre, une seconde députation avait été envoyée au roi. Cette fois, moins dominé par ses courtisans, qui déjà tremblaient pour eux-mêmes, il se laissa aller à son naturel et exprima franchement toute sa sollicitude. Déjà il avait ordonné l'éloignement des troupes, et il nommait des officiers dans la garde bourgeoise.

C'est du fort de la Bastille qu'on avait tiré sur

1789
14 Juillet.

la ville; voici ce qui avait eu lieu. Une députation, composée de vingt-quatre députés et de quatre électeurs, s'étant présentée au gouverneur pour obtenir des armes, celui-ci fit la promesse d'en délivrer et de ne point tirer sur les citoyens. Il engagea le peuple à se tranquilliser: la forteresse était ouverte; il y laissa pénétrer cinq ou six cents hommes avec un détachement de gardes françaises; mais à peine les cours furent-elles envahies, qu'il fit lever les ponts-levis, et une décharge d'artillerie abattit quelques têtes, le canon fut en même temps braqué sur Paris, et une foule d'habitans tués ou blessés. Alors le cri: *A la Bastille!* retentit de toutes parts; la population se rallie, traînant les armes et les canons des Invalides, et un instant suffit pour dresser le siége de ces murs formidables, derniers soutiens du despotisme.

CHAPITRE III.

1789
14 Juillet. L'attaque de cette forteresse fut commencée par les jardins de l'arsenal; mais, n'obtenant pas un succès assez rapide sur ce point, la foule se précipita dans la cour des Salpêtres, et parvenue au premier pont-levis, elle s'empara d'un corps de garde et d'un logement d'invalides. La défense de la place était aussi vigoureuse que l'attaque : chaque embrasure dans les murs était garnie de fusils ou de canons, vomissant le plomb et la mitraille; un expédient ingénieux fixa bientôt l'avantage du côté des assaillans. Un grand feu fut allumé et couvert de fumier; il en sortit une fumée noire et épaisse, qui déroba aux assiégés les manœuvres dirigées contre eux; alors, on parvint jusqu'au second pont-levis. La populace,

1789
14 Juillet. aguerrie de plus en plus, ripostait avec fureur au feu roulant des invalides. En vain des signaux de paix furent déployés à plusieurs reprises, on n'y eut aucune confiance, et le siège se poursuivit avec un acharnement toujours croissant. Les gardes françaises, qui avaient employé tous leurs efforts à régulariser le siège, défendirent eux-mêmes les derniers invalides contre la férocité des vainqueurs. Une fille jeune et belle, prête à périr au milieu des armes et des flammes, fut arrachée par un soldat et rendue à la vie. Au bout de quatre heures de carnage, le pavillon national flottait sur les murs de la Bastille et annonçait à Paris la victoire du peuple.

Déjà le gouverneur et ses principaux officiers étaient saisis et traînés dans les rues. Les électeurs, en séance permanente, entendirent une rumeur effroyable; c'était la foule qui s'approchait en poussant des hurlemens de joie; elle s'empressait autour d'un garde française blessé et couvert de lauriers : d'un côté était portée au bout d'une pique la tête du gouverneur Delaunay, et de l'autre les clés de la Bastille avec le réglement. Une partie de ce cortége entra dans la salle en proclamant sa victoire, et les électeurs ne purent qu'applaudir à ces manifestations.

Tant d'horribles événemens, loin de répandre la consternation, servirent de prélude à des réjouissances publiques, et le soir Paris fut illuminé.

15 Juillet. La nouvelle d'un succès si prompt, si inattendu, était parvenue à Versailles vers le milieu

 de la nuit ; l'assemblée se disposa pour la cin-
quième fois à envoyer une députation au roi ;
cette députation fut composée de vingt-quatre
membres, et haranguée par Mirabeau au moment
de son départ. Mais le roi, déjà averti et heureu-
sement touché par les justes représentations du
duc de Liancourt, prévint cette démarche et vint
lui-même sans suite à l'assemblée : l'annonce
de son approche excita un mouvement général
d'enthousiasme. « Attendez ! s'écria Mirabeau,
attendez que le roi ait fait connaître ses bonnes
intentions. Qu'un morne respect soit l'accueil
fait au monarque dans ce moment de douleur : le
silence du peuple est la leçon des rois ! »

Louis XVI trouva l'assemblée dans ces dispositions et n'en parut point étonné ; il se montra
bon, sans hauteur comme sans faiblesse. « Vous
avez témoigné de la défiance envers moi, dit-il,
et c'est moi qui viens me fier à vous. » A ces mots,
la salle retentit d'applaudissemens, les députés
se lèvent en masse, se pressent autour du roi et
vont l'accompagner jusqu'au château : une cohue
innombrable en obstruait les approches, car un
spectacle touchant attirait tous les regards sur
un balcon du palais ; c'était la reine, suivie de
ses deux enfans, qui attendait avec inquiétude
le retour du roi.

Ce fut une réconciliation complète de la cour
avec le peuple ; des courriers et des exprès en
portèrent la nouvelle à Paris : elle fut accueillie
par les cris de *vive le roi ! vive la nation ! vivent*

1789
15 Juillet. *les députés !* Une députation, dans laquelle se trouvait Lally-Tollendal, Bailly et Lafayette, vint bientôt confirmer les dispositions royales. L'allégresse fut portée à son comble : on tira le canon, on couronna Lally-Tollendal à l'Hôtel-de-Ville, et un *Te Deum* fut chanté à l'église de Notre-Dame. Bailly fut nommé maire de Paris en remplacement du prévôt de Flesselles, et le commandement de la milice, auquel on n'avait pas encore pourvu, fut donné par le vœu de toute la population au marquis de Lafayette.

Moreau de Saint-Méry se montra, dans ces circonstances, aussi prudent qu'il s'était toujours montré brave : c'était un homme précieux à la cause du peuple. Toujours en évidence dans les soulèvemens, il organisait les révoltes ; donnant des ordres de tous côtés, dirigeant toutes les attaques, il faisait mouvoir ces masses tumultueuses et indisciplinées comme un général son armée ; sachant à propos rallumer le zèle des indifférens, ou arrêter la fureur des factieux, il possédait le tact, le génie d'un chef populaire.

C'est lui qui, montrant le buste de Lafayette, indiqua cet homme comme le plus digne de commander une milice citoyenne.

Cette journée se termina encore par une brillante illumination.

16 Juillet. Quelque rassurantes que fussent les démonstrations de la cour, le peuple, déjà trompé plusieurs fois, revint de son premier enthousiasme, et, loin d'accorder toute sa confiance aux pro-

1789
16 Juillet. messes royales, il se tint sur un pied de défense. D'ailleurs, des prises de convois et de gens déguisés témoignaient à chaque instant de nouvelles trahisons de la part des grands, et les troupes qui environnaient Paris recevaient des renforts au lieu de se disperser.

Un transport de farines fut saisi à Saint-Denis, et le conducteur qui en avait fait la déclaration fut promené triomphalement dans les rues, décoré du rameau civique.

L'ambassadeur de Mercy, conseiller intime de la reine, avait comparé l'insurrection de Paris à celle du Brabançon et prétendait qu'il fallait la traiter de la même façon. Dès que ses paroles furent connues, une foule immense se porta à son hôtel, l'investit, et tout y fut bouleversé. Il fut question de son rappel en Allemagne, et cette nouvelle fut reçue avec joie.

On parla aussi de l'exil de la maison de Polignac et de l'abbé de Vermond, du renvoi des ministres, et du retour de Necker : c'était là le sujet de toutes les conversations.

Vers le soir le bruit courut que douze cents soldats s'étaient introduits dans la ville avec une mission secrète. Des retranchemens furent dressés, la garde augmentée et de nouvelles armes distribuées. La nuit fut cependant calme, et on apprit la fuite des Polignac et la disgrace des ministres.

Le roi, toujours irrésolu, toujours détourné de ses premières inspirations par son entourage,

1789 commençait à voir dans le peuple une puissance formidable. Il la redoutait, il hésitait à essayer l'effet de sa présence à Paris. Bailly vint le rassurer et le décida enfin à cette démarche courageuse.

17 Juillet. Une escorte de deux cents députés accompagne sa majesté ; la route de Versailles est couverte de monde ; plus de cent mille citoyens sont en armes pour voler au devant du roi : il est reçu comme un père au sein de sa famille. Bailly, à la tête de la municipalité, se présente à lui aux portes de la ville, et dit en lui remettant les clés : « Henri IV, à qui ces mêmes clés furent remises, avait conquis son peuple ; mais aujourd'hui c'est le peuple qui a reconquis son roi. »

Louis XVI arriva à l'Hôtel-de-Ville entouré d'une multitude aussi respectueuse qu'empressée, et au bruit des acclamations les plus cordiales. Il se plaça sur son trône avec émotion et répondit en bon roi aux paroles touchantes de MM. de Tollendal, de Saint-Méry et Ethis de Corny. Après cette séance, il se montra à l'une des fenêtres de la salle, et les cris de *vive le roi!* furent répétés à sa vue avec une sorte de délire. Des mouchoirs, des banderoles étaient agités dans les airs, et Paris avait l'aspect d'une fête nationale.

La nomination de M. de Lafayette fut approuvée, et la nouvelle cocarde acceptée par le roi. Une ordonnance fut rendue pour le retour de Necker, et tout ce que le peuple demandait fut ainsi accordé.

1789
17 Juillet. Tous ces événemens doivent être considérés comme une suite naturelle de la prise de la Bastille. Un triomphe si éclatant devait entraîner tous les autres. Le despotisme était définitivement renversé, un roi juste conservé à l'affection du peuple et un gouvernement national établi.

Dès lors les députés nobles qui, assistant à l'assemblée, refusaient encore de prendre part à ses délibérations, n'osèrent plus se mettre à part. L'aristocratie entière se soumit à la fusion des ordres et la France parut enfin régénérée.

CHAPITRE IV.

—

1789
19 Juillet.

Depuis la prise de la Bastille, une foule innombrable venait chaque jour visiter ces murs formidables qui tant de fois avaient étouffé les cris de l'innocence. Mille ouvriers furent employés à sa démolition.

Ainsi tomba cette forteresse bâtie sous Charles V en 1369, et qui fut au milieu d'un peuple civilisé un monument respecté d'injustice et de barbarie. On rapporte que la première victime plongée sous ces verroux, fut celui même qui en avait posé la première pierre : Hugues Aubriot, prévôt des marchands, condamné comme hérétique, et qui fut délivré par les maillotins.

C'était maintenant à l'Hôtel-de-Ville que siégeait toute l'action gouvernementale. C'est là que s'exerçait l'autorité judiciaire civile et militaire. Les électeurs s'étaient divisés en comité de recherches pour la police et en comité de subsistances pour les approvisionnemens. Cette dernière charge était la plus difficile, car la famine était dans Paris. Bailly s'en occupa spécialement, il veilla nuit et jour aux achats et aux distributions. Le peuple, affamé, ne respirait plus que fureur et pillage. Il fallut employer la force armée, dans l'intérêt général, pour sauver les convois de grains, et Lafayette eut toutes les peines du monde à maintenir la tranquilité publique.

Une lettre du roi autorisa le général à conserver dans les rangs de la garde nationale les soldats déserteurs de plusieurs régimens. Des gardes françaises et un grand nombre de Suisses y étaient déjà incorporés.

Foulon, le ministre détesté, qui avait acquis en très peu de temps une fortune colossale par des spéculations clandestines, avait fait courir le bruit de sa mort pour échapper à la vengeance publique. Il fut découvert et arrêté chez son ami M. de Sartine, et comme on l'accusait d'avoir dit que le foin était bon pour le peuple puisque ses chevaux en mangeaient, on le chargea d'un paquet de chardons et d'une botte de foin. Il fut conduit dans cet état à l'Hôtel-de-Ville, et on demanda à grands cris son jugement afin de jouir sur-le-champ de son exécution. Les électeurs cherchaient à temporiser ; Bailly épuisa vainement toute son éloquence. Lafayette employa

même les armes pour sa défense ; mais ces re-
tards ne firent qu'irriter davantage la populace.
Foulon fut arraché des mains de ses gardes,
traîné sur la place et pendu à un réverbère. Sa
tête tranchée fut portée au bout d'une lance avec
du foin dans la bouche, et la vue de cet objet fit
éclater partout les vociférations d'une joie fréné-
tique.

Pendant cette scène horrible, son gendre,
M. Berthier, intendant de Paris, auquel on re-
prochait aussi des trafics infâmes et des trahisons,
était pris à Compiègne ; un artisan, qui l'avait
reconnu, avait repoussé son or, ne voulant le
sauver pour aucun prix. Déjà il était environné
d'une populace exaspérée ; il entra dans Paris
escorté de cinq cents cavaliers et de soldats de
toutes armes. Des tambours, des drapeaux, une
musique militaire donnaient à ce convoi un ca-
ractère poignant d'ironie. Sa voiture fut décou-
verte pour mieux l'accabler d'outrages, et on
porta devant lui la tête sanglante de son beau-
père.

Arrivé au pied du tribunal, accablé de honte
et de désespoir, il répondit aux interrogations de
ses juges par ces mots : «J'ai obéi à des ordres supérieurs ; vous avez mes papiers, ma correspondance : vous êtes aussi instruits que moi.» On se disposa à le conduire en prison ; mais des menaces, des
imprécations horribles s'élevèrent de toutes parts.
Le sang répandu de Foulon n'avait fait qu'exci-
ter la rage populaire. On se jette sur le malheu-

<table>
<tr><td>1789
22 Juillet.</td><td>reux. Entouré de mille furieux, il saisit une arme, défend quelques instans le reste de sa vie et tombe enfin sous les pieds de ses assassins. On le mutile, on l'écrase, c'est à qui aura un lambeau de ses membres. Un dragon, qui lui reprochait le meurtre de son père, fouille dans sa poitrine, en arrache le cœur, et va porter ce cœur fumant aux yeux des juges encore assemblés à l'Hôtel-de-Ville.</td></tr>
<tr><td>23 Juillet.</td><td>Des lettres annoncent le retour de Necker qui se rend aux instances du roi et de l'Assemblée nationale.

Chaque jour de nouvelles découvertes font connaître les traîtres qui spéculaient sur la famine. La fameuse maison de commerce Leleu et compagnie est dissoute et onze voitures de blé sont enlevées de leurs magasins.</td></tr>
<tr><td>24 Juillet.</td><td>Des paysans, aidés par un détachement de la milice parisienne, conduisent à l'Hôtel-de-Ville dix-sept voitures de grains ou de farine trouvées du côté d'Arpajon.

M. de Beaumarchais fait un don de 12,000 livres aux malheureux du faubourg Saint-Antoine.

M. de Lafayette, indigné des excès auxquels le peuple s'était porté à l'égard de Foulon et de Berthier, donne sa démission de colonel général des gardes parisiennes : on le supplie de conserver cette charge, M. Osselin, président du district des Petits-Augustins, se jette à ses pieds ; il se laisse enfin persuader et cède à des instances si pressan-</td></tr>
</table>

 tes ; mais satisfait d'avoir, par cette manifestation, fait connaître son mécontentement et raffermi son influence sur les esprits.

On apprend que M. Necker, se dirigeant rapidement sur Paris, reçoit partout les hommages dus à son mérite, et qu'à son passage à Bâle une couronne civique lui a été présentée.

 M. le baron de Besenval, qui se rendait en Suisse, sa patrie, a été arrêté à Bellenaux ; ce même jour M. Necker, arrivant par cet endroit, écrivit de sa voiture aux officiers municipaux pour obtenir sa mise en liberté ; quelle que soit l'influence de ce bon ministre on ne voulut point céder à son désir sans connaître l'avis du comité de l'Hôtel-de-Ville.

 A mesure que Necker approchait, la joie et l'enthousiasme se répandaient dans la capitale ; dans la soirée du 29, une fête à son intention fut donnée au Palais-Royal, son portait fut placé à côté de celui du roi au milieu des illuminations.

Sa réception à Versailles fut assez froide chez le roi. Il repartit aussitôt pour Paris.

 Les cent-vingt députés des districts chargés de former le corps municipal, réunis au corps des électeurs, s'assemblèrent à l'Hôtel-de-Ville pour recevoir le ministre, les premiers toujours présidés par M. Bailly, et les seconds par M. Moreau de Saint-Méry. La municipalité se tint dans une salle séparée.

Vers midi il arriva par la barrière de la Conférence ; la multitude l'accueillit par des cris de :

1789
30 Juillet.

Vive la nation ! vive M. Necker ! Madame était à ses côtés; elle reçut les hommages des dames de la Halle; des couronnes de fleurs furent jetées au devant de leur voiture ; des expressions d'amour, d'ivresse partaient de toutes les bouches, et jamais prince adoré ne fit une entrée plus triomphale au sein de ses états.

A une heure il descendit à l'Hôtel-de-Ville. Les électeurs, précédés par M. de Lafayette, le reçurent sur l'escalier et le conduisirent à l'Assemblée de la municipalité ; M. Bailly lui adressa un discours flatteur, auquel il répondit avec attendrissement; ses paroles firent partager son émotion à toute l'Assemblé ; il le vit, et voulut profiter de cet entraînement pour obtenir la grace de Besenval et une amnistie générale. Il en fit la demande, et le pardon fut proclamé unanimement.

31 Juillet.

Ce premier enthousiasme passé, des murmures s'élevèrent au sujet des graces accordées si facilement par les électeurs; on discuta sur la légalité de cette décision, on soutint que cette grace était étrangère à la mission d'un corps administratif. Elle fut révoquée et M. de Besenval retenu en prison.

M. Bailly avait bien prévu ce retour sur un premier mouvement irréfléchi et imprudent ; il avait fait à ce sujet quelques observations à M. Necker, mais celui-ci avait été entraîné par sa sensibilité, sa bonté, et il fut blâmé.

C'est le district de l'Oratoire, agité par l'éloquence de Mirabeau, qui prit l'initiative pour cette rectification.

Pendant ces débats, des fugitifs, des proscrits étaient arrêtés sur différens points, ou se sauvaient à l'étranger à la faveur de leurs déguisemens ; le prince de Lambesc s'est échappé laissant ses voitures et son équipage surpris à Dun ; M. Vauguyon a été pris au Havre ; la princesse de Bauffrcmont, après avoir vu piller, saccager son château, a été contrainte par ses paysans de renoncer à tous ses droits seigneuriaux. Parmi les absens, on compte déjà M. de Broglie, M. de Crône, le comte de Polignac, le prince d'Ennin, la princesse de Monaco, etc., etc.

Des émeutes ont troublé Lille et Crépy ; l'aristocratie se démembrait dans toute la France, mais il lui restait encore deux célèbres champions, Cazalès pour la noblesse, et l'abbé Maury pour le clergé ; ces deux orateurs firent admirer leur talent et leur dévoûment à une cause perdue.

Pendant ces derniers jours une alarme subite s'était répandue dans toutes les villes du royaume. Le bruit courait que des bandes de brigands s'avançaient dans les campagnes ravageant les récoltes, coupant les blés verts ; la terreur universelle fit mettre sous les armes la nation entière et c'était là sans doute le but que s'étaient proposé les auteurs de ces fausses nouvelles.

L'esprit révolutionnaire passa bientôt des villes dans les campagnes ; les paysans refusèrent de payer les droits féodaux, poursuivirent leurs seigneurs, brûlant leurs titres et pillant leurs châteaux.

De sanglantes proscriptions s'exerçaient encore; la décapitation du maire de Saint-Denis, au moyen de cordes passées à son cou, fut un exemple horrible de la manière dont le peuple se faisait justice lui-même.

La révolution était opérée, mais il manquait encore une organisation de réforme, des lois, des institutions essentielles à l'ordre social.

4 Août

L'Assemblée nationale s'occupait activement de cette question. La fameuse déclaration des droits de l'homme fut discutée et placée en tête de la constitution. L'esprit général tendait au rétablissement des libertés et au nivellement des rangs. Deux membres de la noblesse, le vicomte de Noailles et le duc d'Aiguillon, furent les premiers à exprimer hautement ces idées généreuses. Ils soumirent le projet d'abolir tous les droits et titres féodaux ; cette proposition fut applaudie avec autant de loyauté par le clergé que par la noblesse. M. Leguen de Kerengal se montra en habit de laboureur pour développer la défense des opprimés et montrer la justice et la nécessité de cette réforme. La conviction était déjà dans tous les cœurs : il y porta de l'entraînement et de la grandeur d'ame. Tous se levèrent et renoncèrent pour jamais à toutes sortes de prérogatives. Cette séance se termina en proclamant Louis XVI le restaurateur de la liberté française.

5 Août.

D'abondantes provisions de grains étant venues

1789
5 Août. de Rouen et des autres provinces, les troubles causés par les besoins du peuple cessèrent. La circulation des denrées fut déclarée libre par une proclamation du comité de subsistances, et toutes les craintes se dissipèrent.

10 Août. Des processions de femmes, de jeunes filles, semant des fleurs et accompagnées de musique et de garde citoyenne, se pressent dans les églises pour remercier Dieu des changemens opérés dans l'État.

12 Août. Cependant les campagnes étaient de plus en plus dévastées par les brûleurs de châteaux et les nouveaux chasseurs, si heureux de goûter un plaisir interdit jusqu'alors. Les ministres prennent le parti de publier un ordre du roi par lequel tous agens de la force publique sont requis de veiller aux propriétés et de poursuivre les malfaiteurs.

Necker avait présenté à l'Assemblée nationale une situation déplorable des finances : il était de toute nécessité de songer à se créer de nouvelles ressources pour les besoins de l'État. Mais l'Assemblée, continuellement occupée des questions de droit et de rétablissement de l ordre, ne faisait qu'augmenter les dépenses et diminuer les revenus. Le ministre demanda enfin un emprunt de trente millions. Ce projet répandit la plus grande agitation ; on voulut examiner, discuter, mais l'urgence bien sentie de cette mesure trancha toutes les difficultes et l'emprunt fut adopté à quatre et demi pour cent d'intérêt.

1789
18 Août.

Cette journée fut signalée par toutes sortes de troubles ; un accident arrivé à un soldat des gardes françaises occasiona une rixe entre les Suisses, les dragons et les soldats de Provence. D'un autre côté, des rassemblemens de garçons tailleurs et de garçons perruquiers parcourent les rues en demandant une augmentation de paie. Des troupes sont mises sur pied, un aide-de-camp de M. Lafayette vient haranguer le peuple, et l'ordre est retabli.

Les nouvelles reçues des provinces annoncent que l'effervescence est partout la même. Des armes, des poudres enlevées, des forteresses prises, ont occupé de toutes parts les populations comme au sein de la capitale ; Lyon et Rouen surtout ont été troublés par des incendies et des soulèvemens. On ne pouvait plus voyager sans subir à chaque instant des arrestations, sans être reconnu ami du peuple, et sans se munir de la cocarde patriotique.

24 Août.

Depuis quelques jours l'écoulement des farines, la difficulté de s'en procurer de nouvelles, l'inaction des moulins , causée par le manque d'eau et le calme, ont fait revenir la cruelle appréhension de manquer de pain. Déjà les boulangers sont assaillis, on met des gardes à leur disposition, et tandis que le comité des subsistances cherche à se procurer des approvisionnemens , le comité militaire veille au maintien de la tranquillité. Mais malgré tous leurs efforts, la nuit arrive sans espoir pour le lendemain, et l'au-

1789

24 Août.

xiété des citoyens est portée au plus haut degrés.

Cependant des secours arrivent les jours sui-vans, et la sagesse et la prudence de Bailly pré-viennent l'état funeste dans lequel Paris s'est déjà trouvé une fois.

Des désordres graves ont eu lieu à Caen : quel-ques soldats étaient revenus de Rennes, décorés d'une médaille que les habitans de cette ville leur avaient descernée en témoignage de reconnais-sance pour leur patriotisme. Le marquis de Belzunce, colonel de dragon, en garnison à Caen, s'indigna de leur voir porter avec orgueil cette décoration, et offrit de l'or à ceux qui oseraient l'arracher de leur poitrine. Les médailles furent enlevées et le marquis en témoigna hautement sa satisfaction. Alors, le peuple, indigné à son tour, se soulève, vole aux armes, attaque les casernes où se réfugie M. de Belzunce, et ne s'appaise que quand on lui livre cet aristocrate. Il est aus-sitôt fusillé, et c'est à qui aura le plaisir de porter sa tête.

30 Août

Depuis deux jours l'Assemblée s'occupait d'une question des plus graves, il s'agissait de fixer le mode de gouvernement et de décider comment le pouvoir pourrait s'établir entre le roi et la na-tion.

Louis XVI était trop aimé pour qu'on eût la pensée de renoncer à la monarchie, et cependant c'est une organisation républicaine que l'on cher-chait à établir. Il résulta de ces dispositions un embarras dont on ne put se rendre compte.

1789
30 Août. C'était une idée confuse où chacun apportait ses modifications sans en tirer un système clair et précis. Aussi les débats furent-ils longs et passionnés, et quels que fussent les grands talens qui entrèrent dans cette discussion, aucun n'en sortit victorieux. En général on désirait un pouvoir par la *volonté du peuple et l'action du roi*. Mais n'accorder que l'action au roi, c'était en faire un simple agent, un instrument passif; et le plus grand nombre voulut au moins lui accorder le droit d'empêcher, de s'opposer aux actes qui lui paraîtraient tourner en usurpation et d'exercer une volonté aussi puissante que les décisions de l'assemblée. Ce fut alors la question du veto.

Cette question agita au plus haut degré non seulement la constituante mais le peuple entier. Des réunions, des clubs se formèrent de toutes parts, le Palais-Royal fut le point de ralliement de tous les hommes ardens, qui déjà s'étaient signalés dans les triomphes populaires. Desmoulins, Saint-Huruguе, ces orateurs foudroyans qui ne voyaient devant eux que la tyrannie ou la liberté, qui ne connaissaient que la proscription pour éviter l'une et conserver l'autre, excitèrent les rassemblemens jusqu'à les faire marcher sur Versailles pour ramener le roi au sein de la capitale, pour casser, expulser tous les partisans du veto et nommer en leur place des représentans plus dignes de marcher avec Mirabeau et fidèles du moins à la cause du peuple. Lafayette s'y oppose et les refoule dans Paris. Alors la garde nationale est ac-

1789
30 Août.

cusée d'aristocratie et Lafayette comparé à Crom-
well. On ne se sépare point. La patrie est en
danger. Une députation commandée par Saint-
Hurugue se présente à l'Hôtel-de-Ville pour remettre une adresse à la commune : elle n'est
point reçue. Cinq autres personnes, dont un ca-
pitaine de la garde parisienne, renouvellent cette
démarche : même résultat; on leur laisse seulement le droit de présenter un mémoire comme
simples particuliers.

31 Août.

Une troisième députation obtient enfin son in-
troduction à la commune par la bienveillance de
M. de Lafayette. Elle s'exprime avec fermeté en
déclarant que les habitués du Palais-Royal sont
les premiers défenseurs de la patrie, qu'ils doivent être entendus pour le bien public, que sans
eux la Bastille subsisterait encore et que les représentans seraient de simples citoyens au milieu
de leurs rangs.

Pendant les premiers jours de septembre l'état
des choses ne change point; toujours des motions
au Palais-Royal, des discours en plein vent, des
écrits répandus; cependant point d'éclat.

6 Sept.

L'Assemblée nationale s'occupait toujours du
veto suspensif ou de la sanction royale. M. le président annonça qu'une réunion de dames demandaient l'honneur d'être introduites; aucun mem-
bre ne s'y opposa, bien qu'il fût décidé qu'aucune
députation de ce genre ne serait reçue; ces dames
entrèrent et furent placées au milieu de la salle.
M. Bouche fut leur interprète; il annonça qu'à

1789
6 Sept.

l'exemple des Romaines, ces nobles citoyennes, voulant prendre part au salut de l'État, venaient offrir le sacrifice de leurs bijoux pour aider à l'acquittement de la dette publique. Ces dames furent applaudies et admirées par toute l'assemblée; elles demandèrent la faveur d'assister à la continuation de la séance, et elle leur fut accordée.

11 Sept.

Cette question qui agitait la France, qui faisait craindre un retour vers le despotisme, fut enfin décidée. Mais elle le fut comme naturellement devait l'être une question mal entendue de part et d'autre, c'est-à-dire que chacun faisant quelques concessions, c'est un terme moyen qui fut pris. On ne voulut point du veto absolu. Sans le rejeter entièrement, c'est le veto suspensif qu'on adopta.

20 Sept.

La Constituante s'occupa jusqu'à ce jour des moyens d'assurer à Paris des approvisionnemens plus abondans de farine, puis de l'impôt de la gabelle, et enfin de l'hérédité de la couronne, de l'inviolabilité du roi et de la régence.

28 Sept.

La promotion de Mounier à la présidence de l'assemblée fit craindre quelques troubles au Palais-Royal, aussi le jardin fut-il rempli de patrouilles toute la journée. Mounier s'était montré le plus chaud partisan du veto; il passait pour être vendu à la cour.

Depuis cinq mois l'assemblée n'avait encore rien fait pour les finances. Le roi avait été obligé d'envoyer sa vaisselle à la monnaie. Necker avait renouvelé ses plaintes, ses reproches; il avait en-

1789
28 Sept.

fin obtenu, dans la séance du , 26 la mise à exécution d'un nouveau plan pour la contribution
d'un quart du revenu. Mais Mirabeau, ennemi
du ministre, n'avait quitté la tribune qu'après
avoir décidé l'assemblée à accepter ce plan sans
délibération pour en laisser peser toute la respon-
sabilité sur son auteur.

Au milieu des troubles sans cesse renaissans
qui paralysaient le commerce et l'industrie, les ca-
pitalistes laissaient dormir leurs fonds ; et l'État,
faute d'emprunt productif, menaçait d'une ban-
queroute prochaine.

2 Octobre.

Tandis que le peuple souffrait d'inquiétude et
de faim, un repas splendide était donné dans la
salle de l'Opéra à Versailles par les gardes du
corps aux officiers du régiment de Flandre, à
ceux des gardes suisses, des dragons, de la pré-
vôté et à quelques uns de la garde nationale. Le
roi fut engagé à s'y présenter avec sa famille ; il
s'y rendit ainsi que la reine tenant son fils par la
main. On les reçut au bruit des acclamations les
plus vives. Des cocardes blanches ou noires parurent de tous côtés ; les sermens de fidélité au
roi firent retentir la salle, et dans l'ivresse de
l'exaltation on ramena leurs majestés jusque
dans leur palais. Un repas de même sorte eut encore lieu le lendemain au manége. La nouvelle
de ces scènes imprudentes fut, à Paris, un signal de révolte. — Quelques jeunes gens s'étant
montrés avec la cocarde noire furent poursuivis
et entraînés vers le fatal réverbère; ils ne dûrent

1789
4 Octobre. leur salut qu'à la protection des districts. Ces fêtes de Versailles furent regardées comme une insulte à la misère publique, et déjà les cris: *A Versailles !* se faisaient entendre sur plusieurs points. On savait que la cour voulait entraîner le roi à Metz, on se décida de toutes parts à l'aller chercher pour le supplier de fixer son séjour au sein de la capitale.

5 Octobre. De nombreux rassemblemens encombraient les quais, le Palais-Royal et le faubourg Saint-Antoine. Un cortége immense de femmes se présenta à l'Hôtel-de-Ville pour demander compte aux trois cents de leur indifférence sur les besoins du peuple et les outrages qu'il recevait. La porte leur est fermée par une haie de baïonnettes. Alors, armées de pierres, elles attaquent les soldats avec fureur et les forcent de leur livrer passage. Elles pénètrent partout, défoncent les portes, s'emparent des armes, des munitions; et de là, elles vont chercher les volontaires de la Bastille et M. Hullin qu'elles nomment leur commandant pour les conduire à Versailles. C'était un spectacle sublime que ces femmes armées, au nombre de quatre mille, traînant le canon la mèche à la main, prêtes à combattre pour la liberté et les besoins de leurs familles.

Cependant les représentans de la commune délibéraient pour donner des ordres à la garde nationale. M. de Lafayette, ainsi que la multitude, attendait leur décision avec impatience. Enfin, une lettre arriva, et ce brave général partit pour

Versailles aux cris des bravos et de vive Lafayette !

Nos héroïnes étaient déjà rendues en face du
château dont les gardes du corps défendaient
l'entrée. Une partie se rendit à l'assemblée pour
demander du pain. On leur répondit qu'on allait
rendre un décret pour faciliter les approvisionnemens. Dès qu'on apprit que la garde nationale
arrivait pour soutenir ces femmes, la place
d'Armes fut couverte par les troupes du régiment
de Flandre, des dragons et des Suisses Ce fut
tout de suite un champ de bataille. De vives dis-
putes s'élevèrent entre les soldats des différens
corps sur le parti qu'ils devaient prendre et un
coup de feu fut tiré.

Le roi ayant donné seulement son accession à
la Constitution et à la déclaration des droits de
l'homme qui lui avaient été présentées, et ayant
adressé à ce sujet quelques observations à l'assemblée, Robespierre, Pétion, Duport, Grégoire
s'élevèrent en plaintes contre sa majesté. Mirabeau
éclata dans le même sens et dit : « Paris marche
sur nous ; il faut que le roi accepte purement et
simplement.»On comprit le péril, et le président
Mounier fut chargé de se rendre auprès du roi
pour lui demander cette acceptation pure et simple ; c'est au moment où il allait partir que les
femmes arrivèrent. Elles voulurent à toute force
le suivre et parler elles-mêmes au roi. Quelques
gardes du corps se précipitèrent sur elles pour
les disperser, mais elles résistèrent de tous leurs

1789
5 Octobre.

efforts et parvinrent au nombre de douze, malgré tous les obstacles, à entrer avec le président. Cette singulière députation fut très bien accueillie, et l'une de ces femmes, jeune et jolie, ayant pris la main du roi en le suppliant avec grace, sa majesté l'embrassa en versant des larmes. Il répondit à toutes avec émotion et promit de donner sa sanction au décret de l'assemblée qui allait faciliter les approvisionnemens.

A peine les paroles du roi furent-elles connues au dehors, qu'une troupe de femmes se disposa à porter cette nouvelle à Paris. Des gardes du corps voulurent s'y opposer et un coup de sabre fut donné à l'une d'elles ; un détachement des volontaires de la Bastille courut à leur secours et fit une décharge sur les gardes du corps. Après une rixe violente, ces derniers furent mis en déroute, et, parmi les victimes restées sur la place, on trouva plusieurs femmes, dont une mère de six enfans.

Le roi apprenant ces désordres fit défendre à ses gardes de se servir de leurs armes. Grace à cette prudente mesure le calme se rétablit un peu.

Vers onze heures du soir, la garde nationale arriva. M. de Lafayette se présenta au palais et fut reçu au moment où Louis XVI allait donner au président de l'assemblée sa sanction et son acceptation. « Sire, lui dit-il, la commune de Paris, instruite que votre auguste personne n'est pas en sûreté à Versailles, vous envoie du se-

1789
5 Octobre.

cours. » — Le roi le remercia de cet empresse-
ment et consentit à ce que sa garde fût renforcée
par la garde nationale. Tous les bourgeois de
Versailles s'empressèrent d'offrir leurs logemens
aux Parisiens.

Pendant cette journée le temps avait été affreux, et la pluie continuait abondamment ; une
foule immense se réfugia dans la salle de l'assemblée pour y passer la nuit.

6 Octobre

La mission que s'étaient prescrite les femmes
de Paris dans cette expédition, n'était pas encore
entièrement accomplie : la principale demande
restait à faire ; les volontaires de la Bastille et le
peuple qui les avait suivies, comme elles, parcou-
raient les rues dès le point du jour en attendant
le moment le plus favorable pour se faire entendre par le roi. Ce moment fut amené par une
circonstance malheureuse.

Un garde du corps, placé à une fenêtre de l'aile
droite du château, se voyant provoqué par un
groupe arrêté devant lui, arma son fusil, fit feu,
et tua un jeune homme. A la vue de cette victime
la fureur s'empare des hommes, des femmes, des
enfans, on crie à la vengeance, on accourt, on
enfonce les portes, et les gardes du corps sont
poursuivis à coups de pique jusques dans les ap-
partemens du roi.—C'est là seulement que peut
s'arrêter la rage des furieux. La reine s'est enfuie
épouvantée ; le général Lafayette a crié grace et
la famille royale paraît suppliante sur le balcon.
Alors, comme par un effet magique, les senti-

mens ne sont plus les mêmes ; plus de haines, plus de cruautés ; l'effervescence se convertit en joie, en ivresse, les rôles changent ; c'est la populace qui devient suppliante et qui s'écrie de toutes parts : « *Le roi à Paris ! le roi à Paris !* » Louis XVI ne peut résister. «Eh! bien, répondit-il, je me rendrai à Paris, mais à condition que ma femme et mes enfans y viendront avec moi.» On n'entend plus que les cris de vive le roi! C'est une explosion d'allégresse. Les morts sont oubliés ; peuple, garde nationale, gardes du corps, tout se réunit pèle mêle pour accompagner le roi, et ceux qui s'assassinaient tout à l'heure s'embrassent maintenant comme des frères.

Jamais cortége plus bizarre n'entoura un monarque ; c'était un mélange de bourgeois, de femmes, de soldats qui précédaient la voiture de Louis XVi, comme pour lui prouver que tous les rangs, toutes les classes réclamaient sa présence à Paris. C'était une armée de plus de deux lieues d'étendue, toute hérissée de branches de peupliers, de drapeaux et d'armes de toute espèce. On voyait des femmes, fièrement assises sur des trains de canons, entonner des chants de victoire et de liberté. Après ces bandes mélangées, venait la municipalité jointe à une députation de trente-six membres, que l'assemblée avait envoyée au roi en se déclarant, par un décret, inséparable de sa personne ; puis, enfin, la famille royale, entourée de grenadiers.

Malgré la pluie abondante qui ne cessait de

1789
6 Octobre.

tomber, la moitié de Paris courut au devant de ce cortége, en poussant les mêmes cris de joie. Louis XVI fut reçu à l'Hôtel-de-Ville avec tous les honneurs possibles. Après avoir entendu un long discours de M. Moreau de Saint-Méry, il fit dire par M. Bailly « qu'il rentrait au milieu de son peuple avec joie et confiance. » Mais M. Bailly, en répétant ces paroles, oublia le mot *confiance*, et la reine l'ayant rappelé, il ajouta : « Vous êtes plus heureux que si je l'avais dit moi-même.

De là, la famille royale passa au château des Tuileries, où elle accepta pour garde la milice parisienne.

Dès lors, les nobles qui avaient eu le projet d'attirer et d'enfermer le roi dans une petite ville comme Metz pour l'éloigner de la politique, agir en son nom et reprendre ainsi leur empire, commencèrent à désespérer enfin de leurs folles entreprises et se préparèrent en grande partie à l'émigration.

7 Octobre.

Une députation de la municipalité se rendit chez sa majesté pour lui adresser en forme la demande d'établir définitivement son séjour à Paris. Louis XVI répondit qu'il y fixerait volontiers sa résidence la plus habituelle. La députation passa chez la reine et lui offrit de la part des habitans de la capitale les plus vifs témoignages de respect et d'amour.

Mirabeau et le duc d'Orléans étaient accusés tous deux d'avoir suscité, par de sourdes menées, cette dernière insurrection ; mais Mirabeau était

1789
7 Octobre.

déjà une célébrité trop populaire pour qu'on osât l'accabler d'une disgrace; ce fut donc au duc d'Orléans auquel on s'en prit, et encore mit-on tous les ménagemens possibles à l'éloigner en le chargeant, en apparence d'une mission importante pour les Pays-Bas.

L'Assemblée nationale s'étant déclarée inséparable du roi, ne tarda pas à établir à Paris le lieu de ses séances (1), et une proclamation solennelle déclara l'asile de chaque député inviolable et sacré.

21 Octobre.

La rentrée de Louis XVI répandit tant de joie et de confiance dans la capitale, que l'abondance même sembla renaître aux yeux du peuple. Les boulangers ne manquaient plus de pain : car chacun s'en tenait alors à ses approvisionnemens, croyant ne devoir plus manquer de rien. Mais comme on n'avait point pourvu à de nouvelles ressources, l'affreuse disette revint bientôt, et avec elle, des troubles, des injustices et du sang de répandu. Un boulanger, d'une conduite irréprochable, ayant mis à part quelques pains, destinés à des membres de l'assemblée, fut accusé de cacher ses provisions pour tromper le peuple. Une femme le dénonce, on se précipite chez lui malgré la garde qui défendait sa porte. Il demande lui-même à être jugé ; les officiers de son district surviennent ; mais on s'y oppose, on l'arrache au comité de police, et bientôt, vers la

(1) Au manége des Tuileries.

1789
21 Octobre. place de Grève, on fait rouler sa tête sur les traces de Flesselles et de Delaunay.

La femme de ce malheureux était enceinte, elle courait, éperdue, en suivant la foule. Tout à coup elle voit une tête sanglante portée au bout d'une pique, elle tombe évanouie, son enfant meurt dans son sein. Tous les secours lui sont prodigués, et, entre autres bienfaits, un don de six mille francs de la famille royale.

22 Octobre. Cet affreux événement fit sentir la nécessité d'une loi sur les attroupemens, et l'assemblée décréta qu'après trois sommations de se retirer il serait fait feu sur les groupes.

2 Novemb. Une bonne mesure avait été prise dans les derniers jours de septembre pour faire participer le clergé à l'acquittement de la dette publique; c'était l'invitation faite à tous les archevêques, évêques, curés, supérieurs de communautés, etc., de faire remise de toute l'argenterie qui ne serait pas nécessaire au culte divin. Mais, depuis longtemps, une question plus grave à ce sujet se discutait à l'assemblée; il s'agissait de savoir si les biens du clergé appartenaient à l'État ou à l'Église. M. Le Camus, l'abbé d'Aymar et surtout l'abbé Maury, défendirent, avec une éloquence puissante, l'inviolabilité de ces propriétés, et fournirent plusieurs projets d'économie pour éviter d'en venir à ce qu'ils considéraient comme une usurpation.

Duport, Barnave, l'évêque d'Autun, le curé Dillon, et plusieurs autres, soutinrent vivement

1789
2 Novemb. l'opinion contraire, et Mirabeau, prenant la parole, mit fin aux débats en proposant de déclarer seulement que ces biens étaient à *la disposition de l'État.*

8 Novemb. La disette régnait toujours dans Paris, des scènes horribles se renouvelaient à chaque instant aux portes des boulangers, et on se lassait d'opposer la force aux besoins du peuple, et de répondre par le bruit des armes aux cris des femmes et des enfans. Toutes sortes de précautions furent enfin prises, non seulement pour assurer à Paris de nouveaux approvisionnemens, mais aussi pour s'opposer aux trafics des accapareurs et à la fureur des égoïstes.

Depuis trois mois M. de Besenval était en prison sans qu'on s'occupât de son élargissement; il fut transféré au Châtelet et présenta une requête tendant à obtenir sa liberté : mais un long procès fut entamé. Dans son interrogatoire, il avoue avoir écrit une lettre à M. Delaunay, gouverneur de la Bastille, pour l'engager à tenir ferme contre le peuple en attendant de nouveaux secours : c'était là son premier chef d'accusation. Vers la même époque, furent accusés, comme lui, *du crime* de lèse-nation : le prince de Lambesc, l'évêque de Tréguier, le comte d'Astorg, et une foule de nobles compromis dans les mêmes affaires.

Aux débats judiciaires du Châtelet se joignit un grand sujet de curiosité publique : c'était la publication du *Livre Rouge.* Ce livre mettait à découvert toutes les dépenses faites secrètement

1789
8 Novemb. par la cour, pour des pensions, récompenses et achats de faveur, depuis le commencement du règne de Louis XV.

30 Novemb. Un soulèvement contre la bourgeoisie ayant eu lieu en Corse, et le bruit s'étant répandu que cette île allait être rendue aux Génois, il fut décrété que la Corse ferait partie de l'empire français.

26 Décemb La fameuse conjuration dont M. de Favras était accusé d'avoir formé le plan pour enlever le roi, faire assassiner Lafayette et Bailly, disperser l'Assemblée nationale, et allumer la guerre civile, était l'objet de toutes les recherches, de toutes les conversations. *Monsieur*, déclaré comme complice par un libelle répandu à profusion, fut obligé de se rendre à l'assemblée des mandataires de la commune pour se justifier. Il expliqua les relations qu'il avait eues avec Favras jusqu'en 1775, époque depuis laquelle il avait cessé toute communication avec lui, et il se plaignit de la liberté qu'on laissait à de pareilles calomnies. Il rappela ses discours, ses actions, et défia de pouvoir donner un seul démenti à sa fidélité et à ses principes. M. Bailly lui répondit, au nom de toute l'assemblée, que la conviction de son innocence était complètement acquise, et il lui donna les plus vifs témoignages du respect et de la haute estime qu'il inspirait à tous les gens d'honneur.

1790
12 Janvier. Quelques troubles, dont on explique mal l'origine, avaient lieu depuis trois ou quatre jours.

1790
12 Janvier. Versailles avait été mis en alarmes par quelques milliers d'ouvriers ou de désœuvrés se disant tels. Ces perturbateurs s'étaient rassemblés en demandant une diminution de prix sur le pain et la viande, et la municipalité effrayée avait accédé à leur demande. Des attroupemens du même genre entouraient le Châtelet à Paris, faisant des imprécations contre les juges, auxquels ils supposaient le projet d'acquitter le marquis de Favras ; ils demandaient à grands cris la tête du coupable et il fallut tout l'appareil militaire pour arrêter le désordre. D'un autre côté, des soldats de la garde soldée se réunissaient aux Champs-Élysées pour demander en masse que leurs paiemens fussent faits sans déduction des fournitures. M. le commandant Lafayette se montra aussitôt, traversa leurs rangs avec une sérénité imposante, infligea quelques punitions et les fit disperser sur-le-champ.

Le parlement de Rennes s'étant refusé de se conformer au décret qui faisait rester les parlemens en vacances, fut appelé à la barre de l'Assemblée nationale, et les parlementaires furent jugés et punis.

15 Janvier. Sur une proposition du comité de constitution, il fut décrété que la France serait divisée en quatre-vingt-trois départemens.

4 Février. Ce jour, qui seul suffirait pour éterniser la gloire de Louis XVI, apporta à tous les Français de bien douces émotions. On vit ce bon roi se rendre seul et sans pompe au milieu des repré-

1790
4 Février.

sentans de la nation, pour y exprimer en toute liberté, comme un simple citoyen, ses sentimens, ses vues, ses pensées et toute sa sollicitude, au milieu des circonstances qui bouleversaient le royaume. Son discours est trop remarquable pour qu'on puisse se dispenser d'en reproduire quelques passages, et d'ailleurs, après tant d'interprétations différentes que les historiens et les narrateurs ont faites et font encore de ses actions comme de ses paroles, il est bon de laisser parler le roi lui-même pour que le lecteur juge de ses sentimens.

« La gravité des circonstances où se trouve la » France, dit-il, m'attire au milieu de vous. Le » relâchement progressif de tous les liens de l'or- » dre et de la subordination, la suspension ou » l'inactivité de la justice, les mécontentemens » qui naissent des privations particulières, les » oppositions, les haines malheureuses qui sont » la suite inévitable des longues dissensions, la si- » tuation critique des finances et les incertitudes » sur la fortune publique, enfin l'agitation géné- » rale des esprits, tout semble se réunir pour en- » tretenir l'inquiétude des véritables amis de la » prospérité et du bonheur du royaume.

» C'était, je dois le dire, d'une manière plus » douce et plus tranquille que j'espérais vous » conduire au but qui se présente à vos regards, » lorsque je formai le dessein de vous rassembler » et de réunir pour la félicité publique les lumières » et les volontés des représentans de la nation ;

»mais mon bonheur et ma gloire n'en sont pas »moins étroitement liés aux succès de vos travaux.»

Ici, sa majesté rappelle tous les soins qui ont été pris pour éloigner les malheurs qui pouvaient naître des horreurs de la disette et du désordre des finances, ainsi que ses démarches auprès des puissances étrangères pour maintenir une paix favorable. Elle félicite l'assemblée sur son décret touchant la nouvelle organisation du royaume et continue ainsi :

« Vous savez, Messieurs, qu'il y a plus de dix »ans et dans un temps où le vœu de la nation ne »m'était pas encore expliqué sur les assemblées »provinciales, j'avais commencé à substituer ce »genre d'administration à celui qu'une ancienne »et longue habitude avait consacré. L'expérience »m'ayant fait connaître que je ne m'étais point »trompé, dans l'opinion que j'avais conçue de l'u- »tilité de ces établissemens, j'ai cherché à faire »jouir du même bienfait toutes les provinces de »mon royaume ; et pour assurer aux nouvelles »administrations la confiance générale, j'ai voulu »que les membres dont elles devraient être »composées fussent nommés librement par tous »les citoyens. »

Le roi appuie encore sur cette subdivision du territoire qui doit réunir à un même esprit et à un même intérêt toutes les parties du royaume. Il promet de seconder de tout son pouvoir une si belle entreprise et témoigne combien il est heureux de faire connaître à toute la France son par-

1790
4 Février.

fait accord dans ses vues avec les représentans de la nation. Il engage, il excite à poursuivre avec courage cette œuvre de prospérité ; et, apres quelques paroles sur les ex-privilégiés, sur les sacrifices auxquels ils se sont soumis et les dédommagemens qu'ils devront trouver dans les avantages publics, il passe à ces paroles sublimes qui doivent rester à jamais gravées dans tous les cœurs français :

« J'aurais aussi des pertes à compter, si, au mi-
» lieu des plus grands intérêts de l'État, je m'arrê-
» tais à des calculs personnels ; mais je trouve une
» compensation qui me suffit, une compensation
» pleine et entière, dans l'accroissement du bon-
» heur de la nation, et c'est du fond de mon cœur
» que j'exprime ici ce sentiment.

» Je défendrai donc, je maintiendrai la liberté
» constitutionnelle dont le vœu général, d'accord
» avec le mien, a consacré les principes. Je ferai
» davantage ; et, *de concert avec la reine qui par-*
» *tage tous mes sentimens, je préparerai de bonne*
» *heure l'esprit et le cœur de mon fils au nouvel*
» *ordre de choses que les circonstances ont amené.*
» Je l'habituerai, dès ses premiers ans, à être heu-
» reux du bonheur des Français, et à reconnaître
» toujours, malgré le langage des flatteurs,
» qu'une sage constitution le préservera des
» dangers de l'inexpérience, et qu'une juste li-
» berté ajoute un nouveau prix aux sentimens
» d'amour et de fidélité dont la nation, depuis
» tant de siècles, donne à ses rois des preuves si
» touchantes. »

Le roi recommande ensuite à l'assemblée de se joindre à lui, pour empêcher que des scènes sanglantes ne viennent troubler encore le bonheur de la nation, et pour éclairer le peuple sur ses véritables intérêts. Il les presse de s'occuper activement de divers plans d'améliorations au sujet des finances, du pouvoir exécutif, et termine en ces termes :

« Puisse cette journee, où votre monarque » vient s'unir à vous de la manière la plus franche » et la plus intime, être une époque mémorable » dans l'histoire de cet empire. Elle le sera, je l'es- » père, si mes vœux ardens, si mes instantes » exhortations peuvent être un signal de paix et » de rapprochement entre vous. Que ceux qui s'é- » loigneraient encore d'un esprit de concorde de- » devenu si nécessaire, me fassent le sacrifice de » tous les souvenirs qui les affligent, je les paierai » par ma reconnaissance et mon affection.

» Ne professons tous, à compter de ce jour, ne » professons tous, je vous en donne l'exemple, » qu'une seule opinion, qu'un seul intérêt, qu'une » seule volonté, l'attachement à la Constitution » nouvelle, et le désir ardent de la paix, du bonheur » et de la prospérité de la France! »

Les applaudissemens et les cris de vive le roi avaient souvent interrompu ce discours. La joie, l'émotion, l'enthousiasme s'étaient emparés de tous les représentans. Le président, d'une voix agitée, exprima en peu de mots les sentimens de l'assemblée, et Louis XVI fut reconduit au palais par une multitude immense. La reine, étant venue au devant de lui, s'avança radieuse vers la multitude et, présentant son fils, elle donna l'assurance qu'il serait élevé dans les principes et les vertus de son père. Ces paroles furent accueillies par des cris d'allégresse, de dévoûment et d'amour.

Le discours du roi avait laissé tous les membres dans une telle disposition que, d'un transport unanime, ils se levèrent pour prononcer le serment civique. Le président le formula en ces termes :

« Je jure d'être fidèle à la nation, à la loi et au roi, et de maintenir, de tout mon pouvoir, la Constitution décretée par l'Assemblée nationale et acceptée par le roi. »

Chacun des membres répéta : « Je le jure. »

Ce même serment fut aussitôt prêté à l'Hôtel-de-Ville et de là, porté de province en province, il retentit bientôt dans toutes les tribunes publiques.

Des fêtes par toute la France suivirent cette journée mémorable. On voyait dans cette démarche de Louis XVI une sanction donnée à la Révolution par la monarchie elle-même, et le peuple était heureux de voir un monarque adoré applaudir à son œuvre de réforme.

Une cérémonie, dont la solennité souleva tout Paris, fut célébrée à Notre-Dame. Bailly, suivi de tous les membres de la commune, entra dans l'église au bruit du canon et des musiques militaires. L'Assemblée nationale s'y rendit escortée